A. SERRIÈRE

Vers la Gloire
Par le Sacrifice

DISCOURS

PRONONCÉ EN PLEIN AIR

AU SANCTUAIRE LORRAIN DE N.-D. DE SION

Devant les Pèlerins de Mirecourt et de Mattaincourt

LE MARDI 11 SEPTEMBRE 1917

NANCY

IMPRIMERIE A. CRÉPIN-LEBLOND

1917

Permis d'imprimer :

C. BARBIER,

v. g.

A. SERRIÈRE

Vers la Gloire
Par le Sacrifice

DISCOURS

PRONONCÉ EN PLEIN AIR

AU SANCTUAIRE LORRAIN DE N.-D. DE SION

Devant les Pèlerins de Mirecourt et de Mattaincourt

LE MARDI 11 SEPTEMBRE 1917

NANCY

IMPRIMERIE A. CRÉPIN-LEBLOND

1917

‡‡‡‡‡‡‡‡‡‡‡‡‡‡‡‡‡‡‡‡‡‡‡‡‡

« Si quelqu'un veut venir
après moi, qu'il se renonce
lui-même, qu'il porte sa
croix et qu'il me suive. »

MES FRÈRES,

C'est à la sueur de son front que l'homme doit
arracher chaque jour le pain dont il se nourrit,
le vêtement dont il se protège, la parure dont il
se distingue, la science dont il s'éclaire, la vertu
dont il grandit son âme. Aucun résultat avanta-
geux qui n'implique aussitôt, comme préliminaire
indispensable, la peine et l'effort. Plus les résul-
tats de l'homme sont brillants, plus ils lui ont
coûté d'énergie et de douleur. Ces fleurs embau-
mées, qu'on appelle tour à tour le génie, la gloire,
le talent, le dévouement, la sainteté, le martyre,
fleurs qui sont l'honneur de l'humanité et qu'on
respire le cœur plein d'extase, ces fleurs ne pous-
sent que dans le sacrifice et l'immolation. Le
renoncement de soi-même apparaît comme la loi
universelle qui gouverne nos progrès et prépare
nos grandeurs. De quelque côté qu'il se tourne,
à l'entrée de toutes ses voies, avec une persis-
tance qui s'impose, l'homme rencontre l'inévi-
table axiome de Jésus : « Si quelqu'un veut venir

après moi, qu'il se renonce lui-même, qu'il porte sa croix et qu'il me suive. »

La guerre, de toute son éloquence tragique, ne fait que confirmer la règle impitoyable que nous retrouvons partout. J'ai pensé qu'il était intéressant pour notre foi chrétienne de dégager devant vous cette mystérieuse leçon que nous donnent les événements terribles qui nous emportent. Une loi qui se vérifie partout a des chances de n'être fausse nulle part. Si dans l'ordre naturel les hommes n'aboutissent à rien sans le sacrifice, pourquoi voudraient-ils plus de chance dans l'ordre du salut éternel ? La contrariété, la difficulté en toutes choses, c'est en quelque sorte l'axe fatal du monde. On dirait la trace vaseuse du péché sur nos chemins.

La France, pour sauver son existence, a dû brusquement se sacrifier.

La Belgique, pour tenir au-dessus de tout soupçon, le flambeau de son honneur, a voulu se sacrifier.

Les soldats, pour obtenir la victoire dont nos deuils ne peuvent pas plus se passer que la civilisation, continuent à se sacrifier.

Tous, nous préférons rester encore un moment plongés dans la douleur, plutôt que d'en sortir par une Paix qui ne réparerait pas les torts et ne vengerait pas les crimes.

Bref, l'héroïsme français, la grandeur belge, la

Victoire et la Paix finales ne jailliront ou n'ont jailli que du sacrifice.

Telle est ma thèse, mes frères, en quatre tableaux d'une douloureuse actualité.

Pourquoi donc, après de si considérables renoncements, qu'il accepte ou qu'il subit, sans discuter, l'homme s'étonnerait-il d'avoir à sacrifier ses passions pour obéir à Jésus ? Pourquoi donc après en avoir tant fait, de gré ou de force, pour défendre sa patrie, refuserait-il d'en faire si peu pour gagner le Ciel ? Pour sauver son pays il a dû tout quitter, les biens les plus chers, les liens les plus forts, pour l'admettre en son ineffable compagnie Jésus ne lui demande que de quitter le Mal.

« On n'en fait pas accroire à la terre », dit le paysan avec son bon sens rudement averti. Et tant qu'il peut, jusqu'au bout, vous le voyez, courbé sur sa charrue, qui passe et repasse le long des sillons ; il sait trop bien, l'intrépide, qu'à la moindre paresse, en place de blé, il ne trouverait plus que des herbes folles et des ronces. Pourquoi donc l'homme essaierait-il d'en faire accroire à son âme ?

En vous invitant à méditer sur le prix extraordinaire que coûtent l'Héroïsme, la Gloire, la Victoire et la Paix, c'est vers ces questions mélancoliques, que naturellement vous oriente mon discours.

I

Quand un pays a été longtemps chrétien, qu'il a été saturé d'idées chrétiennes, comme le nôtre, pendant des siècles, construit patiemment par des évêques et des moines, il ne peut pas gaspiller en un jour son riche patrimoine d'énergie et d'honneur. La France n'était pas si malade que ses passions antireligieuses le faisaient espérer à ceux qui s'en réjouissaient du dehors, et qui guettaient l'occasion de se précipiter sur elle comme sur un fruit mûr. La France somnolait. Mais au coup de tonnerre de 1914 elle s'est réveillée soudain, et ses ennemis, interloqués, découvrirent — trop tard — que son cœur était bon et son épée solide. On vit alors un de ces redressements miraculeux comme il s'en est déjà produit au cours de son éblouissante histoire.

— Je ne veux pas dire que les Français, toujours aussi divisés d'opinions, se réconcilièrent subitement dans la Foi chrétienne et qu'ils se préoccupèrent dans l'élan de la mobilisation d'obéir à la morale du Christ. Non ! Mais tous, au même instant, puisant l'enthousiasme dans l'ardeur d'un sang généreux, obéissant à l'appel éploré du sol en péril, frémissant d'une sainte colère contre la sauvage agression, pour venger l'honneur, tous, sans hésiter, sacrifièrent leur personne, leur famille, leurs affaires et leurs biens et volèrent, la tête haute, le cœur indomptable, vers l'immense Croix qui se dressait aux frontières.

Au son des Cloches la France a sursauté. Leurs appels lourds couraient encore au ras des épis mûrs que les paysans étaient déjà rentrés. Au son des cloches la France s'est retrouvée pareille à celle de Marengo et de Valmy, de Denain et de Rocroi. En elle palpita la même âme qu'au temps de Jeanne d'Arc, de Bayard et de Condé. Et l'émouvante nuit qui avait commencé avec les dernières vibrations des clochers s'acheva, au matin, en une splendide aurore de mobilisation, par le chant clair et perçant, le chant décidé du coq gaulois qui saluait le soleil levant de la Guerre !

Et le miracle de la Marne a répondu à cet unanime accord des volontés françaises sur la loi du sacrifice ! On peut dire que c'est par le renoncement personnel, aliment d'une bravoure sans pareille, que nous avons été sauvés. Et tant qu'il y aura des peuples sur la terre, on répétera dans les écoles, à la louange des Français, qu'en septembre 1914, la France vibrante, héroïque, complétant, d'un bond, l'insuffisance de son armure, par l'immolation de son cœur et la fougue de son courage, s'est sacrifiée pour sauver le Monde.

II

Et un autre petit peuple, plus exposé qu'elle à l'orage, l'avait précédée sur la voie touchante du plus affreux calvaire national. Quelle minute affolante dans la vie d'un peuple, dans la vie d'un homme qui préside aux destinées de ce peuple, qui est responsable de son attitude devant l'Histoire, que la minute, où les régiments barbares, massés aux frontières, dans un ordre impeccable et terrifiant, comme une machine énorme et sans âme, impitoyables, cuirassés d'armes, insolents, mirent tout à coup ce petit peuple et ce petit roi dans l'effarante nécessité de choisir entre l'existence et l'honneur. « Livrez-nous passage ! On vous paiera les torts ! Si vous ne voulez pas, malheur à vous ! »

O minute inexprimable que celle où un roi eut à répondre séance tenante, à une si cruelle alternative de sacrifices ! Pareil débat a-t-il jamais pesé plus lourd sur le cœur, sur la conscience d'un homme ? Et les ministres consultés, blêmes, comme le souverain, sous la tragique menace, se sont raidis comme lui dans l'honneur et majestueusement choisirent le sacrifice : « C'est bien, nous tomberons dans l'honneur, ils passeront sur nos cadavres », fut l'invraisemblable réponse de ce peuple et de ce roi à l'orgueil des criminels. On croyait ne surprendre qu'au théâtre — et dans Corneille — le sublime accent d'Horace humilié, et nous l'aurons entendu vibrer, dans la réalité poignante et saignante d'une Belgique outragée par le plus grand crime qu'on ait jamais commis contre un peuple. Que vouliez-vous qu'il fît — non plus contre trois — mais contre cent ?

Il n'est personne, il n'est aucun témoin de la dramatique scène qui eût songé à reprocher à ce petit roi fier, d'avoir remis au fourreau, d'un geste accablé, une épée frémissante de colère parce que trop faible. Et voilà que cette épée a jeté son éclair dans l'azur ! Le roi a préféré mourir ! Et ce roi est maintenant un grand roi, et son peuple est maintenant un grand peuple, inoubliables à jamais dans le cœur des hommes ! Projetés l'un et l'autre sur l'écran de l'Histoire dans une attitude et une taille qu'on ne dépassera jamais plus, grandis de l'étendue navrante des incroyables immolations !

Pour sauver l'honneur !

Sacrifiées la tranquillité de tous et la vie d'un grand nombre !

Sacrifiée l'immense richesse de ce peuple industrieux !

Sacrifiés les nobles musées, les belles salles historiques peuplées de souvenirs, le précieux patrimoine des arts et des lettres qui faisait la parure, la légitime fierté de ce peuple !

Sacrifiés les églises, les beffrois, les hôtels de ville, aux ravissantes dentelles de pierres.....

Finies la vie intense, l'animation joyeuse des corons, rucher bourdonnant de l'activité humaine.....

Finie la vie insouciante des bateliers, glissant comme un rêve sur les canaux précis, dans la somnolence des heures, aux mélodies éparses des sonnailles et des chansons.....

Finie la vie désuète des doux béguinages, immobiles et silencieux, d'un charme suranné!.....

Finis les jolis carillons pleins d'âmes, angéliques bruissements d'ailes dans l'air suave !.....

Finies les Flandres heureuses !.....

Pendant quinze jours, devant le flot incoercible des barbares, les Belges se firent tuer. Mais ces quinze jours d'héroïsme sauvèrent la mobilisation de la France et permirent à celle-ci d'arriver encore à temps pour sauver le Monde. De sorte que le salut de tous plonge ses racines dans le sacrifice émouvant des Belges !

III

Et maintenant la guerre dure depuis trois ans ! Ce n'est plus le renoncement éclatant, au milieu des fanfares de l'enthousiasme, dans la griserie des départs, que les hommes doivent accepter. C'est le renoncement accablant et sombre dans

l'infinie détresse des jours monotones et cruelle-
ment pareils. Ce n'est plus « drôle ». L'imprévu
et la nouveauté ont cédé la place à l'horreur toute
nue des situations invariables. C'est la souffrance
muette sans panache et sans beauté. Intermina-
blement c'est la même rudesse de vie qui écrase
les hommes. C'est l'indicible tristesse des nuits
sans sommeil, les perpétuelles factions aux postes
d'écoute, les relèves maussades dans les nuits
pluvieuses, les pieds qui glissent et qui saignent,
les épaules qui plient sous le sac, meurtries et
coupées par les courroies qui scient, et, à toute
minute, par là-dessus, le danger qui menace, la
mort qui rôde.

La France ne songe plus à se moquer de ses
moines ! Pour son salut, la France bien aimée a
demandé à tous ses hommes valides de devenir
des moines. Tous, volontaires ou non, ont dû
prendre le froc sacré de drap bleu horizon, et
mener dans les tranchées une vie tellement cruci-
fiée que la vie de pénitence du chartreux ou du
trappiste ne paraît plus qu'une miniature.
L'obéissance sans réplique, *perinde ac cadaver*,
tant raillée quand des hommes, libres cependant,
l'acceptaient librement, est devenue l'unique
condition du salut général. Chacun pour sauver
son pays et sa liberté a dû se soumettre sans dis-
cussion à la règle d'acier de la discipline mili-
taire. Et je trouve cela très grand ! Mais en pas-

sant je vous prie de remarquer que les biens de la terre exigent parfois plus de sacrifices que les biens du Ciel ! Quelle leçon ! Pour demeurer Français il en coûte plus aujourd'hui que pour demeurer chrétien ! Pour garder indépendante et libre sa patrie voici que cette guerre nous apprend qu'il faut des efforts plus considérables que pour gagner le Ciel !

La sentez-vous partout, immuable, intangible, la loi profonde du sacrifice et du renoncement qui fait tout le mystère et la grandeur de cette vie ?

Et les civils comme les soldats ont dû engager leur personne et oublier leurs intérêts privés pour le salut commun. Il n'y a plus de droits aujourd'hui, je ne vois plus que des devoirs. La nation en péril a absorbé l'individu. L'individu n'existe plus que comme l'aliment d'un formidable organisme de victoire. S'il est en âge de porter les armes, l'individu doit subir les visites de santé aussi souvent que la France le réclame. Il doit compte, sou par sou, à la cité, des revenus qu'il touche, heure par heure du travail qu'il fait, gramme par gramme du sucre et du pain qu'il mange. Nous ne sommes plus au temps où la France humanitaire, follement généreuse, pendant des années laissait occuper ses plus hautes juridictions, désorganiser ses services essentiels pour soigner les intérêts, réparer les dommages particuliers d'un seul homme. Nous ne sommes plus à Athènes, spirituelle, brillante et frivole, qui jouait avec les sophismes. Nous sommes à Sparte, abstinente et cuirassée, et tous les citoyens doivent mettre leur volonté sous la bure, et s'entourer de discipline, comme d'une ceinture de cuir, pour sauver la Patrie.

IV

Et je ne voudrais pas finir sans vous montrer que cette loi universelle du sacrifice gouverne encore la question considérable de la Paix. La Paix nous la désirons tous. Mais la Paix que nous sommes d'accord à vouloir, c'est une Paix conforme à la morale éternelle. Et voilà encore que nous ne sommes pas libres de nous contenter d'une Paix injuste, mystificatrice des droits violés. Nos deux qualités de Chrétiens et de Français s'accordent à merveille pour réclamer une Paix qui soit la concluante expression de la Justice. À quoi servirait que le Christ ait civilisé le monde, si nous devions terminer ce drame aussi affreusement qu'aux époques les plus sombres de l'humanité primitive.

Dans cette triste guerre qui s'est révélée comme une vaste entreprise de brigandage, je ne vois pas que des belligérants égaux en souffrance, égaux en chevalerie. D'un côté, oui ! De l'autre, non ! D'un côté je vois des justiciers. De l'autre je vois des malfaiteurs, et sous leurs coups, l'immense multitude des piétinés qu'il faut rétablir dans leurs droits. La Paix qui nous intéresse est la Paix qui intéresse les victimes. La Paix qui ne restaurerait pas la Justice serait une offense à Dieu et la pire des catastrophes !

Justice ! Justice ! crient les captifs, qui attendent qu'on les délivre autrement que pour les ramener dans la honteuse abjection d'une Paix blanche, à la merci des violences de demain et des plus lourdes servitudes du présent !

Justice ! Justice ! supplient les envahis, maltraités et volés, qui depuis trois ans dirigent vers les Cieux leurs soupirs lamentables et leurs bras décharnés !

Justice ! Justice ! clament à leur façon les pierres calcinées des églises, les villages et les villes en décombres !

Justice ! Justice ! implorent tant de malheureux déportés, dont le courage stoïque ne se redresse un peu que dans cet espoir, tant d'ouvriers humiliés, férocement condamnés aux travaux forcés pour l'ennemi, sous la menace des fusillades, ou dans la cruelle nécessité de la faim.

Justice ! Justice ! soupirent toutes ces jeunes filles, séparées brutalement de leurs mères, par des conquérants indignes de porter des armes.

Justice ! Justice ! exigent nos soldats martyrs qui supportent depuis trois ans, tour à tour, les gelées mortelles et les soleils accablants ; tous ces hommes mûrs qui se courbent peu à peu en vieillards, tous ces jeunes gens qui sentent vieillir leur jeunesse.

Justice ! Justice ! appellent du fond des tombes l'immense légion des femmes, des vieillards, des enfants, des prêtres, abominablement massacrés, ces multitudes de soldats qui ont donné leur vie avec ivresse pour barrer devant nous le flot des brigandages et des cruautés, et que nous ne pourrions plus honorer dignement si on leur infligeait dans la tombe la douleur et le dépit de s'être sacrifiés en pure perte.

Et comprenez-vous, mes frères, que pour obtenir cette paix-là, il faut que les épouses et les mères refoulent encore un moment leurs impatiences angoissées. La besogne des gendarmes n'est pas finie. Derrière ses forteresses de béton et d'acier l'apache se défend toujours. Le crime n'a pas reçu le châtiment du droit.

Ne nous laissons pas émouvoir par les passants démoralisés et timides, qui, émus — pas plus que nous — devant la férocité de la lutte, voudraient terminer, sans conclusion, l'épouvantable carnage.

Je veux bien que les passants s'apitoient — quel cœur assez dur ne s'apitoirait ! — Mais si leurs larmes ne font aucune différence entre mon agresseur et moi, mon cœur se détourne d'une compassion qui ne sait pas démêler les victimes des bourreaux. Je veux bien qu'ils s'apitoient ! Mais s'ils m'insinuent de quitter lâchement la lutte, de rentrer placidement dans ma maison éventrée, sur les murailles écroulées, sans meubles et sans espoirs, d'enjamber sans trouble les cadavres des miens odieusement égorgés, je sens, avec une émotion que je ne puis traduire, que les passants miséricordieux m'ont dit des paroles inutiles.

Les nations n'ont pas l'éternité pour payer leurs crimes. Elles n'ont pas à rendre le compte sévère que subissent les âmes quand elles s'envolent vers Dieu. C'est en ce monde que leurs méfaits doivent se liquider. Il faut pour la bonne santé des peuples, il faut pour la réputation de nos mœurs et l'honneur de nos sentiments chrétiens, il faut pour la grande pitié des souffrances humaines, il faut que les nations coupables reçoivent ici-bas leurs châtiments !

Ah ! que la vie est grande et lourde, mes frères ! Qu'elle est enveloppée de difficiles devoirs ! Voilà qu'après tant de douleurs nous n'avons pas encore la liberté de désirer la Paix. La Paix qui viendra est dominée par la morale. Patriotisme et Religion s'unissent pour réclamer la seule Paix possible, la Paix que souscrira la Justice. L'intérêt de chacun est magnifiquement contenu dans l'intérêt de tous. Les peuples

comme les particuliers auront toujours avantage
et profit à se ranger noblement du côté de la
Morale.

Ma démonstration est finie. Les maximes de
Jésus sont éternelles : il est la Voie, la Vérité,
la Vie. Avez-vous saisi comme son axiome : « Si
quelqu'un veut venir après moi, qu'il se renonce
lui-même, qu'il porte sa croix et qu'il me suive »,
se rencontre au carrefour de toutes les questions
humaines ? Avez-vous saisi comme il verse de la
lumière sur nos débats, débats de conscience et
débats de peuples ? Avez-vous saisi comme il est
l'unique source de toutes nos grandeurs ? Pour
l'avoir oublié, pour l'avoir violé, cet axiome éternel, les Allemands sont flétris. Pour avoir inso-
lemment remplacé la douce épitaphe de Jésus par
leur monstrueux programme de convoitises et
d'orgueil, ils ont roulé, comme des déments, dans
toutes les fanges, dans tous les crimes.

Pour s'en être héroïquement souvenu, dans une
circonstance poignante, la Belgique et son roi
chevaleresque, sont entrés dans l'immortalité
radieuse, certains jusqu'à la fin du monde d'exci-
ter l'admiration inlassable des générations suc-
cessives.

Pour l'avoir courageusement opposé, dans sa
prison, sous l'arrogance des soudards, par sa
grande âme, son attitude digne, ses paroles
calmes et fières, le cardinal Mercier, archevêque

de Malines, a pris, devant nos cœurs éblouis, les proportions saintes d'un grand pontife.

Le devoir ne se présentera pas toujours dans des formes aussi gigantesques. Souvenons-nous cependant, si humble qu'apparaisse ce devoir, qu'il sera toujours de la même qualité, de la même essence, que celui qui fait la renommée des peuples et la grandeur des caractères. Toutes les beautés, toutes les noblesses, toutes les victoires ont leur source dans le sacrifice. Elles sont belles en proportion de ce qu'elles coûtent.

Et alors, le Ciel, l'infinie beauté, la victoire finale de tous et de chacun, ne saurait avoir d'autre accès que celui du sacrifice et du renoncement. « Si quelqu'un veut venir après moi, qu'il se renonce lui-même, qu'il porte sa croix et qu'il me suive. » Si nous voulons aller Là-Haut, coûte que coûte, voilà le Chemin !

Ainsi soit-il !

Nancy, imp. CRÉPIN-LEBLOND, 21, rue St-Dizier. — 7605